Original Title: Leise Schritte

Copyright © 2024 Book Fairy Publishing
All rights reserved.

Editors: Theodor Taimla
Autor: Isabella Ilves
ISBN 978-9916-756-11-9

Leise Schritte

Isabella Ilves

Im Schatten traumwandeln

Im Windeswehen flüsternd leis,
Taucht Schattenwelt in sanftem Kreis,
Ein stiller Pfad, der dich umfängt,
Von Dunkelheit ganz sacht durchdrängt.

Der Mond, er strahlt in kühlem Glanz,
Verhüllt die Welt mit leisem Tanz,
Die Sterne funkeln, sacht und klar,
Ein Traum, so nah und doch so fern.

Der Nebel zieht in sanfter Ruh,
Verbirgt, was einst dem Licht verglüht,
Im Schattenland, wo Träume sind,
Verlieren sich die Spur vom Wind.

Das Herz, es pocht in tiefem Takt,
Geführt von einer fremden Macht,
Gedanken schweben, leicht und rein,
Wo Schatten sind, ist Raum für Sein.

Die Nacht, sie ist der Seele still,
Ein ew'ger Zauber, den man will,
Im Schatten traumwandeln wir leis,
Gefangen in der Dunkelheit.

Flüchtige Bewegung

Ein Schritt so leise, kaum zu sehn,
In sanften Winden weht ein Hauch.
Die Bäume flüstern sacht im Gehn,
Des Abends Glanz, ein goldner Rauch.

So fließt die Zeit in stillen Bahnen,
Ein warmer Sommergruß verblasst.
Erinnerung in sternenklaren Kranen,
Ein Schatten zieht der Wolken Last.

Wo Schritte schweben, kaum gespürt,
Der Schatten tanzt im Mondeslicht.
In jedem Hauch, der zart verführt,
Verliert sich unser müdes Ich.

Wie ein Wispern

Wie ein Wispern durch die Zweige,
Streicht der Wind durchs stille Tal.
Träumerisch die Lindenneige,
Folgt dem flüsternden Sonnenstrahl.

Sanftes Murmeln, nächtlich' Kreise,
Vögel tauchen in den Schlaf.
Ganz verstohlen, nebenbei,
Zieht der Mond im Himmelpfad.

Seelenfäden, leis gespannt,
In der Dämmerung verfließt.
Zeitlos, wie vom Traum umspannt,
Ein Moment, der nie versieht.

Leises Erwachen

Frühe Tropfen auf den Blüten,
Morgenrot, das sanft erwacht.
Ein leiser Hauch in kühlen Lüften,
Neuer Tag im Nebelsamt.

Erstarkend, Licht durchbricht die Nacht,
Die Farben blühen wie ein Kuss.
Der Tag erwacht in voller Pracht,
Hinterlässt des Traumes Gruß.

Mit jedem Strahl erwacht das Leben,
In stiller Schönheit sanft gebettet.
Das Erwachen still und eben,
Von neuer Hoffnung zart gerettet.

Gespenstischer Schleier

Lichter huschen, Schatten gebannt,
Nebelschleier, Kälte zwingt.
Ein geheimnisvolles Land,
Wo kein lautes Hall erklingt.

Der Mond versteckt hinter Wolken dicht,
Geisterhafte Wesen fliehen.
In der Dunkelheit ihr Licht,
Kaum gesehn, sie nicht entfliehen.

Ein Schleier legt sich auf die Welt,
Geheimnisse im Nebel weben.
Und in der Ferne klingts, es gellt,
Ein Wispern, das in Träumen bebt.

Stille Wege

Die Blätter flüstern leise
im Spiel des sanften Windes.
Der Pfad führt tief ins Gelände,
dort, wo Ruhe sich befindet.

Ein Vogel singt ein Lied,
so zart, so voller Frieden.
Im Schatten hoher Bäume
geht die Seele unbeschieden.

Die Sonne malt ein Muster
auf moosbewachsenen Grund.
In dieser stillen Weite
fühlt das Herz sich stets gesund.

Schritte hallen sanft,
verklingen in der Ferne.
Hier auf den stillen Wegen,
begleiten uns die Sterne.

Inmitten all der Ruhe,
da tanzt ein Hauch von Glück.
Kein Lärm, der uns umgibt,
nur Frieden ringsumher im Blick.

Sanfte Pfade

Sanft wiegt sich das Gras
im Rhythmus der Natur.
Ein leiser Hauch von Ewigkeit,
ein Augenblick ganz pur.

Die Blüten wiegen leise
im Spiel des milden Windes.
Hier findet jede Seele Ruh,
wenn sie im Gehen sinnt es.

Ein stiller Bach plätschert
im sanften Fluss der Zeit.
Die Pfade, die wir wandeln,
sind voller Zärtlichkeit.

Die Welt wird sanft getragen
auf Flügeln der Gelassenheit.
In jedem Schritt des Weges
liegt ein Hauch von Ewigkeit.

So wandern wir die Pfade,
dem himmlischen Licht entgegen.
Jeder Schritt ein kleines Wunder
auf diesen sanften Wegen.

Ruhe im Gehen

Der Morgen graut so leise,
ein Tag erwacht in Frieden.
Im Stillen und im Meinen
wir durch die Felder ziehen.

Ein leichter Tau auf Gräsern,
die Vögel singen Lieder.
In dieser tiefen Ruhe
finden wir stets wieder.

Die Schritte sind bedacht,
jedes Geräusch ein Segen.
In der Harmonie des Gehens
ist das Herz am besten gelegen.

Der Horizont so weit,
hier können wir verweilen.
In diesem ruhigen Gehen,
kennen wir keine Eilen.

Ein Pfad aus tiefer Stille,
der Seele sanftes Streben.
Hier finden wir die Ruhe
im Fluss des einfachen Lebens.

Der Fuß des Windes

Der Wind streicht sanft durch's Feld,
ein Hauch, der niemals rastet.
Mit jedem Schritt im Wind,
wird eine Spur verfasstest.

Die Blätter tanzen leise
im Rhythmus der Natur.
Ein Lied, vom Wind getragen,
ein Hauch von Abenteuer.

So wiegt der Wind die Seele,
in sanften, weiten Auen.
Hier fühlt man tiefen Frieden,
dem Wind kann man vertrauen.

Die Wolken zieh'n vorüber,
der Himmel, klar und weit.
Ein Hauch von kommenden Tagen,
in Windes sanfter Zeit.

So geht der Fuß des Windes,
uns voran durchs stille Land.
Im Takt der stillen Schritte,
finden wir uns, Hand in Hand.

Schwindender Pfad

Ein Weg einst klar und rein
versinkt im Nebelmeer.
Wo Licht war, bleibt nun Stein,
der Pfad verschwindet mehr.

Verloren in der Weite,
kein Kompass, der uns lenkt,
die Ängste stets zur Seite,
von Schatten nur beschränkt.

Doch Hoffnung keimt im Herzen,
wenn Sterne uns erhell'n.
Sie lindern alle Schmerzen,
die Nacht hört auf zu quell'n.

Im Dunkel suchen Seelen,
ein Licht, das neu entflammt.
Der Weg wird sich enthüllen,
wenn Mut die Angst verdammt.

So schreiten wir zusammen,
durch Dunkelheit und Zeit.
Ein Strahl wird stets entflammen,
den Pfad zur Ewigkeit.

Unsichtbare Zeichen

Im Wind wehen die Zeichen,
ie-sie flüstern still und zart.
Die Spuren, die verbleichen,
erzählen eine Art.

Verborg'ne Pfade kehren,
von uns oft nicht gewahrt.
Die Zeichen, die uns lehren,
habt Acht auf ihre Art.

Im Rauschen alter Blätter,
da liegt ein Hauch von Sinn.
In unsichtbaren Netzen,
beginnt der Tag mit Sinn.

Die Augen fest verschlossen,
und dennoch sehen wir.
Die Zeichen unverdrossen,
sie leiten, immer hier.

Ein Rätsel bleibt das Leben,
doch finden wir den Weg.
In Zeichen still gegeben,
die unser Herz bewegt.

Im Schatten verweilen

Ein Schatten streift die Seele,
sanft wie ein Federkleid.
Im Dunkel, wo wir stehlen,
die Ruhe für die Zeit.

Verweilen still im Schweigen,
macht frei vom Tageslaut.
Die Schatten sanft sich neigen,
ein Schleier, der uns taut.

Die Welt kann hier vergehen,
wir sind im Innern frei.
Der Schatten kann bestehen,
er trägt uns, Blatt am Mai.

In Stille gibt's ein Finden,
ein Wissen tief und klar.
Wir lassen's leis verbinden,
was einst verloren war.

Die Schatten zeigen Wege,
von denen wir nicht träum'n.
Verweilen wir im Zwege,
dort, wo die Sterne säum'n.

Geister im Nebel

Im Nebel tanzen Geister,
defor, die niemand kennt.
Die Schritte werden leiser,
wenn Nebel sich verpennt.

Die Schatten, die da schleichen,
erzählen eine Zeit,
von Menschen, die erweichen,
die fern vom Leid gefeit.

In Schleiern, fein gewoben,
gestalten sich die Frist.
Die Geister sind erhoben,
in Nebel weit und trist.

Ein Seufzer aus den Zügen,
des Dunstes tief und leis.
Die Geister sich wohl fügen,
umspinnen uns wie Eis.

Im Morgenlicht verschwinden,
was Nacht so sacht verbarg.
Die Geister sich verwinden,
bis Licht den Tag anmalt.

Behutsame Pfade

Behutsam geht der Wandersmann
Durch Wälder tief und still
Ein jeder Schritt ein leiser Klang
Ein jedes Rascheln milde will

Im Zwielicht scheint der Pfad sich zu verlier'n
Hier blühen Schatten fern
Und in der Ferne singt ein Vogelzier'n
Von Träumen, die wir gern

Wo Moos die Erde zärtlich küsst
Und Flechten sich um Bäume schmiegen
Erträumt der Geist, was er vermisst
Lässt alle Sorgen fliegen

Der Morgennebel hebt sich sacht
Wie Schleier aus Vergangenheit
Die Sonne leuchtet, sanft erwacht
Der Tag ist voller Heiterkeit

Schleichende Bewegungen

Des Windes Hauch, er streift das Land
Ganz leise, kaum zu spür'n
In Natternpfaden, still gewandt
Kann uns die Nacht verführ'n

Mit Düften, die in Lüften kreisen
Und Echos, die verhall'n
Die Schattenbilder heimlich weisen
Zu einem fernen Hall

Der Fluss bewegt sich ohne Hast
Zu sacht, um's Ohr zu schwemmen
Ich fühle hier des Nachtes Rast
Der Sterne Funkeln dämmen

Und doch, die Welt bleibt niemals still
Ein leises Summen bebt
Denn auch im Schlaf, was träumen will
In tiefem Herzen lebt

Verborgene Wege

Hinter Schleiern aus dem Nebelgrau
Verbirgt die Welt ihr Antlitz fein
Wo Flüstern fließt, so leis wie Tau
Ein zartes, verborg'nes Sein

Gefühle wallen auf in Stille
Und führen sanft auf unsichtbarem Steg
Die Pfade, die das Herz enthülle
Sind kaum zu seh'n, doch immer weg

Im Märchenwald die Bäume rauschen
Als würden sie Geheimnis bergen
Und Blatt für Blatt will alles lauschen
Dem Sehnen, dem verborg'nen Ferne

Ein Lichtstrahl durch das Laubdach bricht
Ein Schimmer Hoffnung, der sich regen
Der leise Pfad, er endet nicht
Er bleibt im Herz als fried'gen Segen

Zagendes Wandeln

Mit zögerlichem Schritt geh' ich voran
Der Weg, er scheint so ungekannt
Ein Hauch von Zweifel, der begann
So vieles, was ich noch nicht fand

Die Dämmerung, sie hüllt mich ein
Ein Mantel aus gedämpftem Traum
Ich schreite langsam, fühle fein
Den Atem von des Lebens Raum

Die Pfade sind von Sternenlicht
Ganz sacht am Himmel ausgebreitet
Ein jeder Schritt, er spricht Gedicht
Von Wegen, die das Dasein leitet

Ganz leis, der Wind erzählt Geschichten
Die Herzen sanft in Zweifel wiegen
Die Seelen, die Gewissheit sichten
Wo zagend Schritt und Traum sich schmiegen

Schattenhafte Bewegungen

In der Dämmerung der Nacht,
flüstern Stimmen leise,
Schatten bewegen sacht,
im lieblichen Kreise.

Die Sterne leuchten klar,
unser Tanz beginnt,
Vergangenheit wird wahr,
während die Zeit verrinnt.

Geisterhaft und flieh'n,
Spuren auf dem Sand,
Schatten, die sich zieh'n,
Hand in unsichtbarer Hand.

Zarte Nebel schwingen,
tanzen mit dem Wind,
und die Schatten singen,
von Zeiten, die entschwinden.

Küsse des Herbstes

Blätter fallen sanft,
flüstern leise Träume,
Herbst küsst die Welt,
mit goldenen Bäume.

Wind streicht zärtlich,
durch die müden Felder,
farbige Küsse,
malen stille Wälder.

Die Sonne neigt sich tief,
über sanfte Hügel,
Herbstzeit kennt die Liebe,
wie ein altes Siegel.

Kühle Abende klingen,
im warmen Lichterschein,
und die Herzen singen,
ein glückliches Sein.

Geheimnisvolle Wanderungen

Tiefe Wälder locken,
mit Geheimnissen still,
durch Schattenmuster blicken,
Pfaden, wohin ich will.

Verborgen in den Bäumen,
gespeichert das alte Wissen,
Leise Wispern und Träumen,
die Ahnen mich grüßen.

Wandern in den Nebeln,
ein mystisches Gelände,
Hoffnungen und Säbeln,
finden hier ein Ende.

Die Seele sucht die Pfade,
die in die Tiefe reichen,
geheimnisvolle Gnade,
in allen Zeiten gleichen.

Verträumte Fluchten

Wolken ziehen sacht,
glob us zum Träumen,
Verträumte Fluchten,
erfüllen die Bäume.

Rabenschwarze Nächte,
flüstern sanfter Lieder,
von verlorenen Schlachten,
und gefundenen Brüder.

Sternenfernes Leuchten,
in der Dunkelheit,
Leben, das sich deuchten,
von einer stummen Zeit.

Die Gedanken fliegen,
weiter als der Raum,
verträumte Fluchten wiegen,
uns zärtlich im Traum.

Schlummernde Spuren

Im Mohnfeld schlummern alte Träume,
unter Blüten, sanft und leis.
Vergangenheit in sanften Räumen,
in des Windes stillem Kreis.

Verblasste Schritte, kaum zu sehen,
in der Erde feiner Staub.
Erinnerungen, die auferstehen,
wie ein vager Himmelsglaub.

Zwischen Gräsern, zarte Linien,
zeichnen Wege, die verblühn.
Zeit zieht Kreise in die Minen,
deren Tiefe ungestüm.

Einst war Leben in den Spuren,
die verwehen, blass und sacht.
Zeit vernarbt mit sanften Uhren,
deren Klang in Schlummer wacht.

In der Dämmerung

Sanft senkt sich der Abend nieder,
Himmel glimmt im letzten Schein.
Träume kehren süß und wider,
Nacht wird bald um unsre Sein.

Leise bricht die Stadt in Stille,
Lichter flackern, welkes Licht.
Des Tages endend sanfter Wille,
führt in Schatten, schlummernd dicht.

Zwischen Sternen, sanfte Ranken,
in der Ferne Nebel wandern.
Gedankengewirr und hellen Gedanken,
ziehen durch das Herz, einander.

In der Dämmerung, sanft verloren,
verweben wir zarte Gespinste.
Was bei Tag und Lärm geboren,
findet Ruh' in des Abends Künste.

Gedämpfte Pfade

Durch den Wald, die Schritte leise,
tragen uns auf moosigem Grund.
Dämmerung in sanfter Weise,
legt die Welt in ihren Bund.

Blätter flüstern, fern und nah,
spinnen Geschichten in der Luft.
Jede Wurzel, tief und klar,
trägt ein Echo, schwebt wie Duft.

Pfad im dichten Unterholz,
weist uns Wege, kaum zu sehn.
Gedämpfte Stimmen, stummes Holz,
führen uns im sanften Wehn.

Im Vertrauten, still verborgen,
Flüstern lebt in jedem Schritt.
Jeder Baum ein stiller Morgen,
der uns ruft in sanftem Mit.

Zarte Schritte

Zarte Schritte, sanftes Treten,
müde vom der Welt Getrieb.
Durch die Träume, in den Städten,
sucht die Seele stillen Lieb.

Morgennebel, der verflogen,
öffnet Pfade, weit und klar.
Von des Himmels sanften Bogen,
strömt das Licht auf uns herab.

Zwischen Blüten, Zauberweben,
jeder Schritt ein leises Lied.
Geht das Leben, träumend, eben,
erzählt von dem was stets verzieht.

Unsere Hände, sanft verschlungen,
finden Halt in diesem Raum.
Kommen Schritte, wie gesungen,
im gemeinsamen Lebensbaum.

Die Seele wandert

Die Seele wandert ohne Rast,
Durch Wälder tief, durch unter dem Ast,
Geführt von Träumen, die nicht schläft,
Wo Leben sich in Schatten webt.

Sanfte Winde flüstern sacht,
Durch das Blätterdach bei Nacht.
Die Seele sucht, von Licht umgeben,
Nach einem neuen, hellen Leben.

Über Felder breitet sie aus,
Geht hinaus, weit über das Haus,
Von Sternen begleitet, wunderbar,
Durch die Weiten, fern und klar.

In der Stille findet sie Ruhe,
Sammelnd Hoffnung, Liebe dazu,
Auf der Reise, weit entflohen,
In der Freiheit nie verloren.

Das Geheimnis der Nacht

Wenn die Sterne hell erglühen,
Und das Himmelszelt erblühen,
Schleicht das Geheimnis leis' und lind,
Durch des Nachts verschlung'nen Wind.

In der Dunkelheit verborgen,
Tragen Winde heimlich Sorgen,
Und der Mond, als stiller Zeuge,
Leitet uns auf weichen Wege.

Schatten tanzen durch die Strassen,
Ohne dass wir sie erfassen,
Unter Flüstern, leis und leise,
Klingt das Lied, das niemals reise.

Das Geheimnis, wir erahnen,
Doch es bleibt uns zu umspannen,
Denn es wächst in seiner Pracht,
Ewiglich in tiefer Nacht.

Heimlicher Tanz

Unter dem Mondenschein sie fliehen,
Die Schatten, die im Dunkeln blieben,
Inmitten stiller, sachter Klänge,
Beginnt der Tanz in sanften Gängen.

Zwei Seelen sich im Rhythmus finden,
Während Sterne leis' erblinden,
In dem Zauber, ungeweiht,
Von Zeit zu Zeit, von Ort zu Zeit.

Die Stille, sie umarmt die Nacht,
In Zärtlichkeit, die Zeit entfacht,
Ein heimlicher Tanz im Waldesgrund,
Wo Träume wandern, stumm und bunt.

Kein Wort, kein Laut, nur Herz in Herz,
Voll Freude, frei von jeglichem Schmerz,
Ein Augenblick voll Ewigkeit,
Der heimlich in die Seele schreit.

In stiller Eintracht

In stiller Eintracht, Hand in Hand,
Durchstreifen wir das weite Land,
Ohne Eile, sanft geleitet,
Von Liebe, die sich leise breitet.

Die Bäume flüstern uns ihr Lied,
Sie tragen dich, sie tragen mich,
Zeugen stumm den sanften Schwur,
Der Herzen still in der Natur.

Am Himmelszelt die Wolken wehn,
Leicht und frei, so schön zu sehn,
In ihrem Tanz, von Wind geschickt,
Die Stille uns in Ruhe wiegt.

Ein Augenblick, der ewig währt,
Wo Harmonie die Zeit erklärt,
In stiller Eintracht, wir vereint,
Die Seele sanft im Glück gemeint.

Unhörbares Wandeln

In der Tiefe der Nacht
leise Schritte verhallen,
der Mond hat gelacht,
während Sterne fallen.

Schatten flüstern sacht
von längst vergangenen Tagen,
wo Träume sind erwacht,
die Herzen schlagen.

Durch die Dunkelheit
zieht eine stille Reise,
du fühlst die Verbundenheit
in der schwärzesten Weise.

Unhörbares Wandeln
über Welten und Träume,
kein lautes Handeln
unter liebevollen Bäumen.

Fern der lauten Welt,
in stillen, endlosen Weiten,
fällt der Vorhang hernieder,
um Frieden zu bereiten.

Samtene Tritte

Sanft wie ein Hauch,
durch die Dämmerung schreiten,
ein Wispern im Rauch,
das sanfte Gebete begleiten.

Jedem Schritt folgt ein Kuss
vom kühlen Abendwind,
und alles wird zum Fluss,
der sich leise an uns bindt.

Mit samtenen Tritten,
thront die Nacht geheim,
sterne sind die Sitten,
deren Zauber bleibt nicht keim.

Wie ein sanfter Reigen,
schweben Wolken so leis,
über Wiesen und Steigen,
in der Dunkelheit preis.

Der Mond führt das Geleit,
hüllt die Welt in Blicht,
ein endloses Kleid,
trägt ein chiffrenes Gesicht.

Kleine Spur

Auf tauglänzenden Wegen,
durchs stille Niemandsland,
eine Spur, kaum verwegen,
zart wie Wellen am Strand.

Schritt für Schritt geschrieben,
ein Gedicht in der Erde,
schwerfällig und doch getrieben,
als wo's Schicksal werde.

Kleine Spuren im Staub,
verschwinden sie schnell,
wie Nebels Rauch,
doch bleiben ewig hell.

Im sanften Licht des Mondes,
eine Reise beginnt neue,
auf Pfaden des Einklanges,
die kein Auge entweihe.

Genährt durch innere Ruhe,
folgt der Seele Gesang,
je kleine Spur schafft eine,
ein ewiger Tag.

Nächtliche Stille

Die Welt sinkt in Schlaf,
der Wind streicht durch die Hügel,
der Mond wirft seinen Faden,
ein silbernes Flügel.

Nächtliche Stille breitet,
sich über Wiesen hinaus,
das Herz, das leidet,
fühlt Frieden, so aus.

Kein Laut durch den Wald,
das Dunkel ist rein,
ein Raunen wohl bald,
zieht in die Seel' hinein.

Jeder Schatten erzählt,
von wunderlichen Dingen,
wo Sternenschweif fällt,
lässt die Nacht uns singen.

In nächtlicher Stille,
ruht die Welt in Frieden,
ein jedes Herz ist Wille,
dem Traum zu beschieden.

Im Schweigen verloren

In der Stille des Morgens
Verliert sich die Zeit
Zwischen Träumen und Sorgen
Schweigt die Ewigkeit

Ein Flüstern der Winde
Die Antwort verweht
Im Herzen der Blinde
Des Schattens Gebet

Gedanken verweilen
Im Reich des Ruhms
Echos, die teilen
Das Flüstern des Ruhms

Im Schweigen verloren
Die Welt hält den Atem
Ein still geborener
Gedanke zum Warten

Nach oben führend

Ein Pfad aus Licht
Der Himmel rückt näher
Im Sehnen ganz dicht
Stufen, die tief kehr

Hoffnung steigt empor
Flügel aus Träumen
Im Herzen ein Chor
Wünsche, die säumen

Jeder Schritt ein Tanz
Der Seele ein Balsam
Ein endloser Glanz
Die Zeit wird zu einem

Gipfel des Lebens
Führt nach oben hin
Ein leises Beben
Neue Wege beginn

Träume fliegen hoch
In sternklaren Nächten
Ein aufrechten Zug
Doch nie zu vergessen

Mondschatten auf Wegen

Wenn die Nacht sich erhebt
Und der Mond sanft weht
Läuft der Schatten und strebt
Durch das Dunkel bewegt

Sterne flüstern leis
Ihre Geschichten alt
Ein Traum so zart und fein
In der Welt, die verhallt

Wege, die sich winden
Im Schein des Mondlichts
Geheimnisse finden
Im Schleier der Sicht

Jeder Schritt ein Gedicht
Auf Pfaden der Nacht
Mondschatten in Sicht
Die die Träume bewacht

Ein Wandern in Stille
Im Glanz des Mondes
Der Seele milde
Im Schatten des Thrones

Samtige Tritte

Nacht verhüllt die Welt
Schritte leise und sacht
Ein geheimnisvolles Feld
In der tiefen Nacht

Samtige Tritte an Land
Im Schattengewand
Der Mond uns verband
In der Dunkelheit Strand

Jeder Laut, ein Traum
Ein Flüstern so sanft
Im Schattenraum
Findet die Seele Kraft

Geheimnisse erzählen
Aus tiefen des Seins
Sie ruhig austeilen
Im flüsternden Reigen

Gefühle, die wallen
In sanftem Tritt
Und die Nacht zerprallen
Im Traumesschnitt

Vorübergehender Hauch

Ein Wind erhebt sich leis und sacht,
Führt Blätter in den Tanz der Nacht,
Kühlt die Stirn im Sommerglanz,
Ein flücht'ger Hauch im Zeitenkranz.

Er streift sanft durchs alte Tal,
Flüstert Märchen, leise, schal,
Fort, bevor der Morgen naht,
Ein Wispern, das die Seele hat.

Vergänglich wie ein Traumesbild,
Doch endlos, ewig und gewillt,
Zu zerren an des Herzens Band,
Bis Nebel steigen seltsam sanft.

Die Bäume raunen ihm ihr Leid,
Der Wind zieht weiter, Zeit und Zeit,
Wispernd bleibt er, ohne Rast,
Ein Hauchen nur, das alles fasst.

Lautlose Pfade

Durch Wälder tief und dunkelgrün,
Wo Stille webt, fast wie ein Blühn,
Da führen Pfade, still, versteckt,
In's Unbekannte, das mich weckt.

Ihr Schritte kaum der Wald vernimmt,
Ein leises Wispern, das verstimmt,
Kein Laut, kein Ton, dem Ohr gesellt,
Nur leises Atmen dieser Welt.

Die Schatten tanzen sanft umher,
Ihr Tanz ist stumm und märchenleer,
Kein Rauschen trennt die Stille fein,
Ein Netz aus Träumen, sanft und rein.

Das Moos, es malt den Boden weich,
Kiesel glimmen still und gleich,
Führt leise durch das Grünmeer mild,
Wo alles Schweigen sich erfüllt.

Unter dem Radar

Versteckt im Schatten dieser Welt,
Wo Unbeachtetes sich erhellt,
Dort zieht der Zweifel seine Spur,
Fliegt leise, still, im Flug der Uhr.

Unter dem Radar, wo keiner sieht,
Gibt es Wege, die man nie vermisst,
Geheimnisvolles, das da ruht,
Märchenhaft und still verträumt.

Die Blicke meiden diesen Raum,
Wo Freiheit lebt in stillem Traum,
Versteinerte Gedankenblumen blüh'n,
Im Verborg'nen, ungeseh'nen Grün.

Unterm Radar, wo Zeit verschwimmt,
Wo Himmel und das Meer sich nimmt,
Ein Miteinander, sanft und klar,
Unsichtbare Wege sonderbar.

Nachtwandler

Im Reich der Sterne, still und weit,
Wandert eine Seele durch die Zeit,
Geführt vom Mondes sanftem Schein,
Ein Traum aus Sternen, zart und rein.

Die Nacht verzaubert jeden Schritt,
Ein Märchen, das die Finsternis erschritt,
Im Schatten tanzt das Licht so klar,
Ein Nachtwandler fliegt leise da.

Der Wind flüstert ihm Lieder zu,
Geheimnisse im dunklen Nu,
Begleitet von der Eulen Ruf,
Ein Segeln durch den Traumes Schruf.

Die Pfade leuchten still im Licht,
Schatten zaubern hell Gesicht,
Ein Wandern durch die Nacht so weit,
Ein Schweben in der Ewigkeit.

Die Berührung des Windes

Ein Hauch von Sehnsucht, der mich fanden
Sanfter Wind in kühlen Banden
Die Blätter tanzen, leise wehen
In ihren Armen still vergehen

Der Wind erzählt von fernen Träumen
Unhörbar flüstert er in Bäumen
Mit jedem Kuss, den er mir gibt
Erinnert mich, dass ich einst liebte

Der Abend neigt sich, Sterne blinken
In Schatten will die Zeit versinken
Ein süßer Kuß, vom Winde gestohlen
Erzählt von Liebe, nicht erkohlen

Die Zeit vergeht, doch nicht der Wind
Er streichelt dich, mein liebes Kind
Wiegt dich sanft, in Nacht hinein
Seine Berührung zart und rein

Zarte Resonanz

In stiller Nacht, ein lautlos Klingen
Wellen, die durch Seelen dringen
Ein Echo, das in Herzen scheint
Die Resonanz von dir und mein

Das sanfte Zittern, das mich hält
Wie ein Gefühl, das heimlich fällt
Verbindungen, die oft zerlesen
Doch tief im Geist, nicht fehlen können

Ein leises Wort, das Luft durchdringt
Erinnerung, die Liebe bringt
In jeder Note, jedem Klang
Erwacht die Nacht, wenn du enlangst

Die Dunkelheit, sie schwebt so leicht
Ertönt ein Ton, der alles zeigt
Zarte Resonanz in dieser Nacht
Hat uns die Liebe mitgebracht

Die stillen Geister

In nächtlicher Ruh, wenn Stille herrscht
Die Geister kommen, ungesehen zuerst
Sie flüstern sacht, in Mitternacht
Ein Wispern, das die Seele entfacht

In Schatten tanzen sie und schweben
In träumenden, geheimen Leben
Ihr Gang so leicht, ihr Wort so zart
Die stillen Geister, mein Herz bewahrt

Ein Hauch von Frost, ein Wispern leise
Sie wandeln nah, auf ihre Weise
Die Zeit vergeht, doch nicht ihr Sein
Ihre Schritte, so bekannt wie mein

Sie wachend flüstern, mich begleiten
In samtner Nacht, vor Morgenzeiten
Ihr Dasein still, so nah und weit
Die stillen Geister, in Ewigkeit

Kammer des Schweigens

In düstrer Kammer, tief verborgen
Ruht Schweigen, frei von allen Sorgen
Kein Laut, nur Schatten im Verbleib
Dort fand ich Frieden, still und frei

Die Wände flüstern, leise schweigen
Geheimnisse, die dort verneigen
Ein Raum so stark, in Stille lebt
Ein Ort, wo keine Hektik webt

Das Schweigen, wie ein alter Freund
In dessen Armen niemand weint
Hier kann die Seele sich entfalten
Kein Lärm kann dieses Band erkalten

In Kammerdunkel ruht die Zeit
Die Stille, die mich dort begleitet
Ein Rückzugsort, so zart und rein
In Schweigen will ich ewig sein

Unter dem Mantel der Nacht

Unter dem Mantel der Nacht
Ruht die Welt, ganz sacht
Sterne flüstern leis
Von einem fernen Reis

Die Stille umarmt das Land
Der Mond reicht uns die Hand
In Träumen sind wir frei
Schweben wie Schmetterlinge vorbei

Wind singt ein zartes Lied
Vergangenheit zieht mit
Schatten weben Geschichten
Im Dunkeln uns berichten

Ein Seufzen geht umher
Versinkt im Sternenmeer
Geheimnisse werden erwacht
Unter dem Mantel der Nacht

Verborgene Melodien verwehen
Die Lichter langsam vergehen
Hoffnung, die in uns wacht
Unter dem Mantel der Nacht

Schattenküsse

Im Tanz der Schatten küsst
Ein Wispern, das du kaum vermisst
Geheimnisvoll und mild
Die Nacht sich mit Träumen füllt

Ein Flüstern in der Dunkelheit
Liebevoll und ganz befreit
Berührungen so weich
Wie Nebel, der über Wiesen schleicht

Zärtlich die Schatten kosen
Seelen leise liebkosen
Die Dunkelheit trägt sie
Wie Wellen auf einem stillen See

Licht und Schatten tanzen
Im ewigen Kreise glanzen
Ein Spiel, so alt wie Zeit
Schattenküsse, uns stets geweiht

In der Ruhe der Nacht
Wird ein Versprechen erwacht
In Schattenküsse unsichtbar
Glühen Herzen immerdar

Schweigsame Begleiter

In nächtlicher Stille sie wandern
Schweigsame Begleiter, die sich nicht ändern
Unsichtbare Augen, die über uns wachen
Gefährten, die niemals klagen

Im Dunkeln sie uns begleiten
Durch Träume uns leiten
Mit stillen Schritten gehn
Ihre Anwesenheit kaum gesehn

Sie tragen Geheimnisse sacht
Gebrochene Herzen in der Nacht
In der Stille der Schattenwelt
Wird ihr Wissen niemals erzählt

Ein Wispern, das uns erreicht
Eine Berührung, die uns nicht weicht
Schweigsame Begleiter stets da
In Momenten, wo niemand nah

In den Tiefen der Nacht
Hat ihre Treue entfacht
Ihre Schatten treu bewacht
Unsere Seelen, schweigsam erdacht

Unsichtbare Tänze

In der Nacht beginnen sie dann
Unsichtbare Tänze, wo niemand ran
Silhouetten gleiten sacht
Zwischen Sternen, in der tiefen Nacht

Schritte hallen so leis
Durch das Dunkel, ganz reis
Bewegungen so elegant
Wie Schatten, die sich verband

Der Mond ihr stiller Zeuge
Die Dunkelheit ihr Reige
Ein Tanz, den niemand sieht
Doch in Träumen Freude bietet

Sie wirbeln durch die Zeit
In sanft fließendem Kleid
Unsichtbare Tänzer berühren uns
Mit zarten Träumen, voller Gunst

Ein Walzer im Sternenlicht
Für uns allein gedichtet
Unsichtbare Tänze erwacht
Im silbernen Glanz der Nacht

Traumschritt

In Nächten leise, fernes Licht
trägt mich fort in Dämmerungsschicht
wo Schatten tanzen, flüstern still
führt mein Traumschritt, wohin ich will.

Das Herz schlägt sanft im Rhythmus mit
Hoffnung steigt auf, ein ferner Ritt
über Hügel und über Tal
in meinem Traum, so frei, so klar.

Ein Lachen klingt aus weiter Ferne
führt mich hin zu neuen Sternen
wo Wünsche blühen, gut versteckt
wird jeder Schritt zum Wohlgeflecht.

Sanfte Wellen tragen Gedanken
weit hinweg von irdischen Schranken
eingehüllt in Nebelschleier
führt der Traumschritt immer weiter.

Am Ende wacht der Morgen hell
erweckt mich aus dem Traumbildschnell
doch Hoffnung bleibt, ein Stern so klein
führt meinen Schritt zum Traum erneut hinein.

Laufendes Schweigen

Durch Straßen weht ein Hauch von Ruh
Schweigen läuft, ein stiller Schuh
keine Worte dringen hier
leise pflegt die Zeit das wir.

Gedanken fließen wie ein Fluss
kein Laut nötig, kein Verdruss
Herzen sprechen, Blicke glühn
im laufenden Schweigen Taten blühn.

Die Welt ruht still im Gleichgewicht
kein Sturm hier tobt, nur sanftes Licht
Schritte klingen auf Asphalt
bin getragen, fern und alt.

Ein Regenbogen ohne Klang
zieht durch die Zeit im stillen Gang
jeder Tropfen, voller Farben
trägt das Schweigen, lässt es narben.

Im Schweigen will mein Geist sich wiegen
dort, wo Stille reichlich Segen
im Lauf des Schweigens liegt die Kraft
was gesprochen, keinen Halt mehr schafft.

Geräuschloses Flanieren

Ein Spaziergang ohne Töne
durch die Stadt, die gänzlich höhne
Stille Sinfonie der Gassen
Flüstern will mich nicht verlassen.

Echos fahl und weit entfernt
jeder Schritt, vom Wind geboren
flanierend durch den Traum gewandt
führt das Schweigen meine Hand.

Schilder winken lautlos mild
Fenster blicken ruhig ins Bild
keiner spricht, kein Klang ertönt
Straßen schlafen, sind versöhnt.

Bäume raunen ohne Schall
Leise gemeinsames Echo fällt
flanierend durch ein leeres Tal
wo die Stille uns gefällt.

Am Ende winken fasernd Licht
führt mich aus der Stille Pflicht
doch im Herzen, tief verankert
bleibt das Flanieren stumm und sanft behütet.

Efeuranken

Ranken schlängeln, ewig grün
durch Gemäuer, die nun blühn
Mächtig, still und tief verwoben
träumen sie von Licht und Lob.

Zeit verweht, doch sie, sie bleiben
umschlingen mit bedacht, nicht treiben
jedes Blatt ein Zeugnis lebt
ein Geheimnis, was sie webt.

An Wänden klettern sie empor
siech verdorrt kein einzig' Tor
wo einst kahl die Steine standen
weichen sie vor Efeuranken.

Im Schatten wächst das ew'ge Band
uneingeschränkt wie nimmer schwand
erinnert lang an alte Zeiten
Efeuranken, steter Walten.

Die Natur, vereint mit Stein
blüht in ew'ger Stille fein
jedes Rankenwerk erzählt
Efeuranken, ungestählt.

Tanz der Stille

Die Nacht erwacht im sanften Schein,
Sterne leuchten, so rein, so fein.
Ein leiser Wind, ein kleiner Laut,
Im Stillen tanzt die Welt, vertraut.

Der Mond blickt schweigend auf uns herab,
Schenkt einem Traum den ersten Klang.
Die Dunkelheit, sie flüstert klar,
In ihrem Tanz, so wunderbar.

Schatten spielen sanft im Licht,
Ein zarter Nebel bricht.
Die Stille tanzt im Sternenglanz,
Ein himmlischer, geheimnisvoller Tanz.

Im Traum verweilt die Welt so sacht,
In allem wohnt die tiefste Pracht.
Sterne tanzen über'n See,
Im Stillen bleibt kein Platz für Weh.

Die Zeit vergeht im leisen Schritt,
Nur die Stille tanzt mit.
Ein Augenblick der Ewigkeit,
In Stille, in Geborgenheit.

Unsichtbare Spuren

Im Morgentau der ersten Stunden,
Verweilen Spuren, ungebunden.
Ein leiser Hauch, ein sanfter Schritt,
Die Welt, sie folgt dem verborg'nen Tritt.

Im Nebelgrau, in stiller Pracht,
Erzählen Wege von der Nacht.
Unsichtbar sind die Spuren hier,
Die Seele reist im Zeitrevier.

Ein Blatt weht leis im Morgenwind,
Und Spuren zieht, die uns verbind'.
Verborgen in des Lebens Spiel,
Unsichtbar, doch so real.

Die Erde atmet sachte ein,
Spuren sie in sich vereint.
Vergangenes im Licht erwacht,
Die Zukunft leise Spuren macht.

Unsichtbar in der Ewigkeit,
Verschmelzen Zeit und Wirklichkeit.
Spuren flüstern, flüchtig doch wahr,
In jedem Schritt, da wird es klar.

Schleier des Morgens

Der Morgen hebt den Schleier sacht,
Ein Tag erwacht in blasser Pracht.
Die Sonne schickt ihr erstes Licht,
Die Nacht verzieht ihr dunkles Kleid.

Ein Nebelmeer am Horizont,
So zart, fast wie ein zarter Wunsch.
Der Tag begrüßt das frische Licht,
Im Schleier tanzt das Morgengesicht.

Ein leiser Wind trägt Lied und Klang,
Der Morgen ruht im Blütenschwang.
Die Wiesen tauchen in ein Glühn,
Im Schleier sehen unsere Träume blüh'n.

Die Bäume strecken sich empor,
Der Himmel öffnet sein helles Tor.
Ein neuer Tag, so voller Licht,
Der Schleier schwindet, Dunkel bricht.

Das Leben kehrt in Farbenpracht,
Ein neuer Tag ist nun entfacht.
Im Schleier des Morgens, zart und rein,
Erwachen Wünsche, leise, klein.

Schnee und Schatten

Der Winter haucht die Welt so weiß,
Verhüllt sie sacht im Strukturkreis.
Ein Tanz beginnt aus Schnee und Nacht,
Die Schatten ziehen leise Macht.

Im Winterwald, so tief und still,
Verborgen liegt der Schatten Wild.
Der Schnee umarmt die Erde sacht,
Die Schatten flüstern: 'Gute Nacht.'

Die Kälte malt ein Bild so klar,
Schnee und Schatten wunderbar.
Sie tanzen durch den starren Frost,
Ein Spiel voller stiller Trost.

Die Sterne glitzern, hell und rein,
Im Schnee strahlt jedes Licht so fein.
Die Schatten weben ihre Zeit,
Im Winterkleid der Ewigkeit.

Ein stiller Frieden wohnt darin,
Im Schnee und Schatten, unbestimmt.
Der Winter zeigt mit kaltem Leib,
Ein Wechselspiel in tiefer Traub.

Die Spur im Schnee

Ein Tritt, ein Abdruck, tief und klar,
Verweht vom Wind so wunderbar,
Ein Zeichen in der weißen Ruh,
Vergänglichkeit des Lebens Schuh.

Die Kälte, die den Atem raubt,
Natur in einen Mantel taucht,
Die Welt steht still, kein Laut, kein Ton,
Der Weg verschwindet sacht davon.

Ein Tier, ein Mensch, wer weiß es schon,
Die Spur verschmilzt zur Illusion,
Im weißen Kleid, so rein und still,
Verblasst der Schritt, verfließt im Will.

Doch ewig bleibt in stiller Nacht,
Der Hauch von dem, was uns gebracht,
Ein Flüstern in der Flocken Pracht,
Das Leben, das sich leise lacht.

Der Federfuß

Ein Hauch von Luft, ein sanftes Spiel,
Ein Vogel zieht durch Himmelsziel,
Die Feder sinkt, so leicht und sacht,
Wie Traum aus einer ew'gen Nacht.

Ein Schritt so leicht, berührt kaum Grund,
Befreit von aller Erdenschund,
Die Schwingen tragen weit und fern,
Ins Reich der Sterne, wunderbar und fern.

Ein Lied, ein Laut, so zart und rein,
Verklingt im Wind, im Sonnenschein,
Der Federfuß berührt die Welt,
Ein Zeichen, das den Himmel hält.

So zart, so weich, so ohne Last,
Der Vogel träumt, was Erde fasst,
Und in der Ferne, hoch empor,
Der Federfuß verliert sich still im Chor.

Unsichtbare Falte

Ein Schatten in der Wange still,
Die Spuren, die das Leben will,
Unsichtbare Falten fein,
Zeugen von des Daseins Reim.

Ein Lächeln vorsichtig entflieht,
Ein Leben, das in Worten biegt,
Erinnerung im stillen Raum,
Die Zeit uns nennt im stillen Trau'm.

Die Jahre fliehen, Spur um Spur,
Das Lachen bleibt, das Abenteuer,
Und dennoch bleiben, leise sacht,
Die Falten, die Vergangenheit bewacht.

Unhörbar ist der Seelen Schmerz,
Die Falte birgt das größte Herz,
Unsichtbar bleibt, was tief im Grund,
Der Seele spricht, ganz leise, rund.

Die Stille lebt

In einer Welt, wo Laut und Klang,
So dominant, so wild und bang,
Erhebt sich sacht ein sanftes Licht,
In Ruh und Frieden, unsichtbar sich.

Die Stille lebt in jedem Herz,
Sie lindert sanft den tiefen Schmerz,
Ein Raum im Lärm, ein stiller Fluss,
Der Seele Ruhe und Hoffnungsgruß.

Im Wind, im Blatt, im Tropfen klar,
Die Stille summt, ist immer da,
Sie füllt den Raum, sie gibt den Ton,
Künstlerisch, als unsichtbarer Thron.

Die Stille lebt in jedem Laut,
Sie schenkt uns das, worauf wir baut,
Ein Flüstern, das die Welt erhält,
In Harmonie, die uns gefallt.

Flüsternde Pfade

Im Wald, wo die Bäume flüstern,
findet man geheime Träume.
Hast du jemals den Wind gehört,
der alte Geschichten verrät?

Sanfte Schatten tanzen leise,
durch die Blätter, grün und dicht.
Folge der Spur der Elfen,
in das verborgene Licht.

Die Wege schlängeln sich heimlich,
kein Mensch hat sie betreten.
Doch wenn du still verweilst,
kannst du das Unsichtbare sehen.

Das Moos unter deinen Füßen,
ist weich wie ein alter Freund.
Jedes Rascheln und Wispern,
verlangt, dass dein Herz es bezeugt.

Lass die Zeit hier vergehen,
wenn die Dämmerung ausbricht.
Auf Flüsternden Pfaden wandern,
führt zur Seele, Stück für Stück.

Schritte im Nebel

Schritte im Nebel, so sacht und leis,
verschwinden schnell, als wären sie Eis.
Die Stille, die am Morgen ruht,
ist wie ein sanfter, milder Hut.

Ein Ruf, so fern, wie aus einer Welt,
wo Zeit und Raum zusammenfällt.
Im Nebelmeer, so dicht und trüb,
wo nicht einmal die Sonne blieb.

Gedanken schweben wie Wolken dicht,
von einem Bild zum nächsten Licht.
Die Sinne trügen, doch das Herz,
hört stets den ewigen Schmerz.

Auf Pfaden, die im Grauen gehüllt,
manch Rätsel in die Lüfte schwillt.
Jedes Echo, ein Schritt voran,
hier gefangen, wo alles begann.

Verloren im Schleier der Zeit,
die Dunkelheit umhüllt so weit.
Doch Hoffnung bleibt im Herzen liegen,
auf dass der Nebel wird verfliegen.

Verborgene Tritte

In verborgenen Tritten klingen,
geheime Melodien des Seins.
Man hört sie nicht im Licht der Welt,
sie sind nur der Nacht verfall'n.

In kleinen Schritten, fast wie ein Tanz,
schreiten Schatten über das Land.
Sie suchen nach dem stillen Ort,
wo Wahrheit und Traum sich verwanzen.

Auf schwarzen Pfaden, mondgetaucht,
führt jeder Tritt zu neuer Schau.
Man ahnt nicht, wohin sie führen,
ohne Mut, sie zu berühren.

Das Dunkel nährt das Unbekannte,
in Wäldern tief und weit.
Geheimnisse, in Stille gehüllt,
warten stets zur rechten Zeit.

Jedes Laubblatt, das leise klingt,
jedes Tier, das heimlich singt,
erzählt von jenen Tritten kaum,
doch manchmal hört man ihren Traum.

Geheimnisvolle Gassen

Durch geheimnisvolle Gassen,
winden sich Träume leise.
Wenn die Nacht den Tag umarmt,
werden sie zur stillen Reise.

Pflastersteine, nass und matt,
flüstern von vergang'nen Zeiten.
Jede Ecke birgt ein Rätsel,
jedes Licht ein stummes Leiten.

Fenster blinken, dunkel glimmt,
ein geheimes Leben sucht.
Zwischen Schatten und Laternen,
fließt die Nacht in sanfter Flucht.

Was einst verlieren, hier gefunden,
von Geschichten längst vergang'n.
In den Gassen, die ihr wandelt,
brennt die Glut von alten Wahn.

Folgt den Wegen, fern und fern,
schreitet durch die ungewisse Nacht.
Geheimnisvolle Gassen zeigen,
die Wahrheit in verborg'ner Pracht.

Geheimnisvolle Stille

In der Tiefe einer fernen Nacht,
wo das Mondlicht sanft erwacht,
webt die Stille ihr zartes Band,
schmiegt sich um des Traumes Rand.

Flüstern, das die Schatten spricht,
das Geheimnis, das im Dämmern liegt,
führt uns in ein stilles Land,
wo Herz und Seele Hand in Hand.

Eine Melodie, so leise,
ganz ohne Worte, ohne Gleise,
lockt uns in das ferne Reich,
wo lautlose Wunder gleiten gleich.

Fernab von Lärm und Sorgenlast,
träumt dort die Welt in stummer Rast,
die Nacht umhüllt mit zarter Fülle,
das Rätsel der geheimnisvollen Stille.

Spiegelungen im Tau

Morgentau auf Gräsern fein,
spiegelt Licht in Perlenschein,
ein farbenfrohes Mosaik,
das Leben neu erwachen ließ.

In den Tropfen wunderschön,
sieht man Welten, winzig, schön,
halten Traum und Wirklichkeit,
in einem Hauch von Ewigkeit.

Kristalle, zart und klar,
zaubern Wunder, rein und wahr,
schreiben Märchen in das Gras,
das die Seele wohl vergaß.

Ein Moment von Zauberei,
In Tautropfen, fern und frei,
wo Licht und Farben sich verweben
ein Fest des Lebens, sanftes Streben.

Spiegelungen in Tau gebannt,
ein Universum, unerkannt,
zeigt uns Schönheit, tief und rein,
Geheimnis in jedem Tropfen Schein.

Unhörbare Wege

Pfad im Nebel, still und weiß,
führt dahin, wo keiner weiß,
Schritte lautlos, fast verbannt,
führen uns von Rand zu Rand.

Jeder Stein, von Moos umhüllt,
geheimnisvoll von Fragen füllt,
je tiefer man ins Nebel zieht,
pflanzt dort die Seele, Hoffnungssaat.

Ungesehen, unbegriffen,
wo die Schatten leise triften,
führt ein Weg, von Licht erhellt,
das Geheimnis in der Welt.

Man hört das Rauschen leiser Töne,
des Windes sanfte, leise Stimmen,
führen uns auf weichen Wegen,
gleiten sacht in goldnen Regen.

Unhörbar sind die Pfade, klar,
wo die Seele sich erfahr,
in den Spuren, die wir gehen,
wächst das Unbekannte, schön.

Schritte ins Unbekannte

Jeder Schritt, so sacht und leise,
führt uns auf die stillen Gleise,
im Schattenreiche, tief und weit,
wo die Zeit die Spuren streut.

Neue Welten, unerschlossen,
uns're Träume dort verflossen,
doch im Herzen, stark und klar,
gehen wir, was immer war.

Ohne Furcht ins Ungewisse,
wo des Mondes Strahl uns küsse,
führt der Weg durch Nacht und Wind,
bis am Ende Klarheit find.

Über Berge, durch die Täler,
wo die Hoffnung wächst, die zähle,
ein Gedankengut uns treibt,
durch das Unbekannte bleibt.

Jeder Schritt ein neues Streben,
ein Verborgenes zu geben,
führt uns tiefer, immerzu,
bis die Seele findet Ruh.

Eleganz im Gang

Im feinen Schuhwerk, zartem Schritt,
Durch Straßen ziehst du sanft entlang,
Ein Hauch von Poesie, so mit,
Verleiht dem Pflaster stillen Klang.

Der Wind spielt weich mit deinem Kleid,
Ein Tanz aus Träumen, federleicht,
Dein Lächeln, das den Tag befreit,
Das Dunkel weicht, das Sonnenbleich.

Die Köpfe drehen, Blicke folgen,
Dem zarten Wesen, ohne Hast,
In deinem Gang, da funkelt golden,
Ein Glanz der Welt, die du umfasst.

Der Abend sinkt, die Schatten streichen,
Doch dein Bild verweilt im Raum,
So geht durchs Leben, ohnegleichen,
Die Eleganz, ein stiller Traum.

Auf Wegen, die dein Herz gewählt,
Bleibt deine Spur, bleibt dein Geleit,
Ein Seelenklang, der nie verfehlt,
Die Eleganz der Zärtlichkeit.

Am Rande der Welt

Vom Horizont ein Schrei erklingt,
Am Rand der Welt, die Ferne ruft,
Wo Seelen frei im Wind erblüht,
Und Sterne schweben, fern und luft.

Das Meer erzählend alte Lieder,
Von Zeiten, die Vergessen sind,
Berühren Ufer sanft und wieder,
Ein Gruß, den fast nur Herzen find'.

Im Dunst der Dämmerung verwoben,
Verblasst die Zeit, vergisst den Schmerz,
Im Augenblick, von Glück gehoben,
Entweicht die Last aus schwerem Herz.

Ein Schritt in Unbekannt, gewagt,
Doch Mut begleitet, sanft und still,
Am Rande, wo zurück nichts nagt,
Nur Freiheit, die ich spüren will.

Wo Himmel und die Erde küssen,
Da find' ich meine Welt erneut,
Kein Trugbild, das ich je vermissen,
Nur Frieden, der im Sehnen boyt.

Stille Korridore

Durch stille Hallen, einsam schleichend,
Der Mond wirft Schatten, grau und kalt,
Die Wände flüstern, sanft erreichend,
Ein Hauch der Zeit, so alt, so alt.

Die Schritte hallen, leise, sacht,
In diesen endlos Korridoren,
Wo Licht und Dunkel sich verbraucht,
Ein Ort der stillen Seelenbote

Der Wind spielt weich mit deinem Kleid,
Ein Tanz aus Träumen, federleicht,
Dein Lächeln, das den Tag befreit,
Das Dunkel weicht, das Sonnenbleich.

Die Luft gefüllt mit fernem Klage,
Von Geistern, die das Schweigen wählt,
Sie tragen alte, schwere Tage,
Ein jeder Schritt, ein leises Quält

Im tiefen Nachthauch hallt das Schweigen,
Kein Laut durchbricht den dunklen Raum,
Die Zeit scheint stillzustehen, Neigen,
Die Stille kuss das Niemandsbaum.

Schwache Echos

Ein Flüstern hallt durch leere Räume,
Ein Echo fern in Dunkelheit,
Vergangne Stimmen, alte Träume,
Ein Klang der stillen Ewigkeit.

Der Wind trägt fernes Lied' herbei,
Von Zeiten, die vergangen sind,
Ein Hauch von einst, der sanft verleiht,
Dem Jetzt ein leises, stummes Kind.

Durch Hallen und durch weite Flure,
Klingt nach der Seelen zarter Ruf,
Im Schweigen, das die Welt umflure,
Verblasst der Klang im leisen Hof.

Erinnerungen, schwach und fern,
Ein Leuchten, das im Dunkel schwebt,
In alten Mauern, unter Sternen,
Ein Echo, das zur Stille strebt.

Doch selbst im Laut der tiefen Nacht,
Wo Echos schwach und leise klingen,
Bleibt Hoffnung, die im Herzen wacht,
Und Lieder, die von Morgen singen.

Im Schattenreich

Im Schattenreich, wo Träume weben,
fernab vom grellen Sonnenstrahl,
herrscht eine Stille, tief und eben,
die flüstert sanft, doch allzumal.

Dunkle Bäume, flüsternd leise,
umschlingen dort das stille Land,
mystisch wächst auf ihre Weise
eine Welt, vom Licht verbannt.

Im Zwielicht wandeln Geister still,
tragen Sehnsucht in dem Blick,
jenseits von des Tages Schrill
erweckt ein leises Herzgeschick.

Schattenreich, im Flüsterton,
erzählt von längst vergess'nen Zeiten,
wie ein leises Seufzen schon,
lasst die Geister weiter schreiten.

Nur wer wagt, kann dort verweilen,
in der ruhigen Dämmerung,
zwischen Träumen sich verweilen,
findet Stille, ohne Drang.

Die sanfteste Berührung

Die sanfteste Berührung, wie ein Hauch,
verführt die Seele, sacht und leis,
umarmt in süßem Träumerausch,
wo Sinnlichkeit die Haut umkreist.

Ein Streicheln, zart, fast unsichtbar,
wie eine Feder, leicht und rein,
erweckt die Sinne, wunderbar,
lässt Herz und Geist im Einklang sein.

In diesem zarten Liebesspiel,
erblüht das Herz im sanften Glanz,
ein Kuss, ein Hauch – so viel Gefühl,
ein zartes Flimmern, ein eleganter Tanz.

Berührung, die das Herz bewegt,
verrät, was Worte nie erfassen,
ein stilles Sehnen tief gehegt,
das alle Klüfte kann verlassen.

In dieser zarten, weichen Welt,
erscheint die Liebe, rein und klar,
wie ein Stern, der ewig hält,
gleich einer sanften Liebesschar.

Tänzelnder Nebel

Tänzelnder Nebel, im Morgenlicht,
umhüllt die Welt mit einem Schleier,
flüstert leise, wohin er bricht,
schafft ein Mysterium, immer neuer.

Gleitet sanft über Flur und Tal,
verwischend jedes scharfe Bild,
macht das Gewöhnliche zur Qual,
zieht still in seinen Bann, ganz mild.

Er tanzt, bewegt sich, sacht und licht,
spielt mit des Windes zarten Klagen,
verschmilzt mit fernem Sternenlicht,
wie magisch, kaum zu hinterfragen.

In Nebelträumen, ganz verloren,
die Zeit steht still, der Raum zerfließt,
wie eine Welt, neugeboren,
die man in zarten Träumen genießt.

Doch bald erweckt die warme Sonne,
zerstreut den Schleier in der Luft,
der Nebel weicht der hellen Wonne,
vergeht wie ein unsichtbarer Duft.

Die Spur des Windes

Die Spur des Windes zieht durchs Land,
erzählt von fernen Welten Geschichten,
fliegt über Wellen, weißen Sand,
lässt Blätter tanzend sich aufrichten.

Er haucht durch Äste, flüstert leis,
bringt Heimlichbotschaften aus der Ferne,
trägt Träume mit sich, mild und heiß,
unruhig, wie funkelnde Sterne.

Im Spiel mit Wolken, wild und kühn,
formt er die Luft zu neuen Wegen,
unsichtbar, doch stets im Grün,
verleiht er allem neues Bewegen.

Die Spur des Windes, schwebend frei,
umhüllt den Wanderer im Gehen,
führt durch Täler, Berge, Heid,
zeigt Wunder, die nur er kann sehen.

Mit jedem Hauch, den er uns schenkt,
durchströmt er uns mit Freiheit pur,
wer seinen Spuren nachher denkt,
durch ihn erlangt die weite Flur.

Schatten unter dem Mond

Still und leise flüstert die Nacht
im silbernen Schein, so sanft erwacht.
Mondesstrahlen durch Wolken brechen,
verborg'ne Träume heimlich sprechen.

Schatten tanzen auf alter Wand,
Gräser wiegen, ein Laut nur Seidenband.
Zeitlos gleiten Schatten dann fort,
tragen zu Herzen einen weiten Ort.

In der Ferne ein leises Lied,
erzählt von dem, was einst geschieht.
Ein silberner Schleier überdeckt die Sicht,
geheimnisvoll, das sternenklare Licht.

Unter dem Mond ein Flüstern erwacht,
in Träumen verborgen bis tief in die Nacht.
Schatten spielen, die Welt in Ruhe,
während die Zeit lautlos verweht im Nu.

Eine ewige Melodie erklingt,
die Schatten zusammenholt und bringt.
Ein endloser Tanz, in der Nacht so weit,
unsere Seelen finden Frieden und Zeit.

Samtiger Pfad

Durch Wälder zieht ein stiller Gang,
ein Pfad aus Samt, so sanft und lang.
Er flüstert leise, führt mich weit,
im Dämmerlicht der Ewigkeit.

Zwischen Bäumen, Moos und Grün,
kann ich die sanfte Stille spür'n.
Jeder Schritt, ein Herzschlag tief,
verbunden mit dem, was dort schlief.

Der Samte Pfad, in Nebel gehüllt,
erzählt von dem, was fern erfüllt.
Ein Hauch von Magie begleitet mich,
jeder Schritt ist ein Gedicht für dich.

Die Welt erscheint in sanftem Schein,
ein endloser Pfad, der wird mein.
Die Zeit verliert sich im Augenblick,
auf samtigem Pfad, so zauberhaft geschickt.

Durch Wälder führt dieser sanfte Weg,
in jeder Kurve ein neuer Wunsch bewegt.
Ein Pfad aus Träumen, sanft wie Samt,
durch die Zeit, durchs weite Land.

Verborgener Atem

Tief im Wald, im Schattenreich,
hüllt ein Geheimnis, still und weich.
Die Bäume flüstern, leise und sacht,
der Wald scheint zu atmen in tiefer Nacht.

Ein Hauch von Leben im Dunkel erwacht,
berge den Atem, den keiner beachtet.
Verborgene Wege, im Zwielicht gehüllt,
ein Mysterium, das den Wald erfüllt.

Der Wind streicht sacht durch die Bäume,
singend von gär'nen, fremden Träume.
Jedes Blätterrascheln ein leises Zeichen,
der Wald atmet, will uns erreichen.

In der Tiefe, verborgen vor Licht,
ein zarter Atem, ein flüst'rer Gedicht.
Die Stille fließt, ein Meer ohne Wellen,
im verborg'nen Rhythmen Geschichten erzählen.

Verborgener Atem, geheimnisvoll,
während die Nacht verhallt, wechselvoll.
Ein Zauber der alten, weisen Bäume,
lebt ewig im Schatten dieser Träume.

Versteckte Ankunft

Ein stiller Schritt im Nebel dicht,
ein Schatten tanzt im Mondeslicht.
Versteckt in Dunkelheit, so klar,
eine Ankunft, geheim und wunderbar.

Das Aufscheinen eines stillen Blicks,
ein Herzschlag im verborg'nem Takt.
Die Nacht umhüllt den einsamen Pfad,
führt Schritte, die niemand verraten mag.

Ein Flüstern im Wind, so sachten,
begleitet die Ankunft der verborg'nen Nacht.
Im Sternenschein, so still und stumm,
ein Geheimnis, das langsam kommt herum.

Versteckt in Schatten, ungeseh'nes Licht,
ein Zeichen von Ankunft, aus jeder Sicht.
Der Weg wird klar, die Zeichen echt,
ein stilles Willkommen, so perfekt.

Die Dunkelheit weicht, der Nebel lichtet,
die Ankunft wird ein Moment, der nicht zerbricht.
Versteckt im Herzen, genährt durch Zeit,
eine Ankunft, die bleibt in Ewigkeit.

Diskreter Gang

Des Mondes Licht, so sanft und klar,
Es leuchtet auf die stillen Pfade.
Kein Laut ertönt, der Wind steht da,
Ein Hauch von Nacht, ein leises Beben.

Natur in Ruhe, friedlich, sacht,
Die Blätter flüstern leis im Traum.
Ein Schritt, der sich fast lautlos macht,
Durch Schatten tanzt, wie feiner Schaum.

Ein Wispern hier, ein Raunen dort,
Die Nacht verbirgt ihr still Geheimnis.
Die Schritte folgen unbestimmt,
Verloren zwischen Glück und Finsternis.

Ein Weg so ruhig, kaum ein Ton,
Des Herzens Schlag im Einklang leise.
Im Dunkel ruht der Welt Konson,
Diskreter Gang, oh stille Reise.

Geisterhafte Schritte

Schritte huschen durch die Nacht,
Wie Schatten lautlos, kaum zu fassen.
Im Dunkel wird die Welt erwacht,
Ein Wispern, Flüstern, heimlich Rasten.

Gespenster, die sich flüchtig regen,
Im Lichte des verhangnen Mondes.
Ein Nebelschleier wie ein Segen,
Dort, wo kein Mensch den Pfad erkundet.

Zwischen Bäumen, alten Eichen,
Tanzen Geister, unsichtbar.
Ihre Stimmen sich erweichen,
Mit dem Wind durch kühles Haar.

Ein Schritt, der hier, ein Schritt, der dort,
Ein Flüstern in die kühle Stille.
Geisterhafte Schritte fort,
Begleiten Nacht mit sanftem Willen.

Schummerige Dämmerung

Ein Hauch von Licht in sanfter Ferne,
Der Sonne letzte Strahlen glühn.
Am Horizont, wie goldne Sterne,
Verblasst der Tag im Abendblühn.

Der Himmel färbt sich, Farbenpracht,
Vom Rot ins Rosa, Gold und Blau.
Es naht die still schlafende Nacht,
In Dämmerung so sacht und lau.

Die Schatten dehnen sich und schweigen,
Ein leiser Wind, der sacht erwacht.
Im Halblicht, das die Welt verneigen,
Träumt sie in tiefer, sanfter Pracht.

Ein Rauschen fern im Blätterkleid,
Ein Wispern sanft, die Nacht beginnt.
Die Schummerzeit in Einsamkeit,
Ein stiller Gruß im Abendwind.

Unmerkliches Schreiten

Die Zeit, sie fließt so still voran,
Kein Schritt zu hören, kein Gedanke.
Ein Hauch der Stille, so milde dann,
Das Lautlose, das Unbedachte.

Des Lebens Fluss, er zieht vorbei,
In Rhythmen unersichtlich sacht.
So leise geht das Schicksal frei,
Ein Schreiten, das zu träumen lacht.

Inmitten dieser stillen Bahn,
Ein jeder Hauch, ein sanftes Wehen.
Wie Schritte, die im Geiste nahn,
Des Lebens Fluss, kaum zu erspäh'n.

Ein Lächeln still, ein Seufzer klein,
Zerfließt im Raum, in Zeit, im Sein.
Unmerklich Schreiten, fein und rein,
Ein Hauch von Nichts, im Licht verglühn.

Verstohlene Anwesenheit

Der Mond verbirgt sein leises Strahlen,
Hinter Wolken, sanft und still.
Im Dunkel schweigen alle Fragen,
Die Nacht erfüllt ihr schaurig' Will.

Die Schatten tanzen zart und leise,
Ein Hauch von Nebel, kaum geseh'n.
Es flüstern sanft die alten Weisen,
Von Dingen, die im Dunkeln steh'n.

Ein Rascheln hier, ein Wispern da,
Wie Geister, lautlos durch die Zeit.
Unsichtbar, doch sie sind so nah,
Des Nachts in tiefer Dunkelheit.

Die Eule ruft aus hohem Wipfel,
Ihr Schrei, so schaurig, hallt weit fort.
Ein Herzschlag dröhnt wie lauter Trippel,
In Stille offenbart sich Ort.

Weich wie ein Schatten

Durch Straßen zieht ein leises Ziehen,
Schatten schweben zart und weich.
Wie Geister, die durch Welten fliehen,
Verhüllt im Dunkel, still und bleich.

Ein murmelnd Flüstern durch die Gassen,
Von Wesen, die sich niemals zeigen.
Die Winde sanft die Blätter fassen,
Wie Träume, die im Dunkeln schweigen.

Ein zarter Kuss von kühlem Winde,
Trägt uns in Sphären, fern und still.
Die Nacht verhüllt uns wie eine Schinde,
Lässt fließen alles vor sich hin.

Ein Schimmerlicht im Dunst verfließt,
Die Schatten tanzen einen Reigen.
Der Mond, der uns heut' Nacht genießt,
Wie Zeugen, die verhüllt nur neigen.

Die Kunst des Verschwindens

Im Nebel löst sich Form und Schemen,
Verwischen Grenzen, nass und trüb.
Ein Rätsel bleibt im tiefen Sehnen,
Ein Abschied, der im Dunklen blieb.

Verloren gehen, der Kunst des Nichts,
Die Stille hält uns fest im Bann.
Kein Hauch, kein Klang, und auch kein Licht,
Nur Dunkelheit, die schleicht heran.

Ein Wispern in den hohen Zweigen,
Verkündet von der Geister Welt.
Unsichtbar sich die Zeiten neigen,
Ein Hauch, der in den Atem fällt.

Der Nebel zieht, es löscht sich Raum,
Verschwinden jene, die nicht bleiben.
Es löst sich auf, ein flüchtig' Traum,
Und bleibt nur Dunkel zu beschreiben.

Der geheime Weg

Es winden sich die Pfade stumm,
Durch Wälder tief und dunkelreich.
Ein Wispern führt uns zu ihr' Drum,
Des Mondes Schein ist uns Begleit'.

Die Bäume flüstern uns ein Treiben,
Ein Mahnen: Tritt nur leis und sacht.
Die Wege sollen wir beschreiben,
Mit Füßen, die der Stille Macht.

Ein Licht blinkt scheu, ein Sternenblick,
Der Weg verliert sich tief im Wald.
Ein Schatten ruft in sanftem Glück,
Verhüllt im Nebel, ungehalt'.

Der Weg, er bleibt im Dunklen still,
Doch führt er uns, wohin wir geh'n.
Ein Mysterium, das wirken will,
Ein geheimes, sanftes Weh'n.

Ziselierte Wege

Durch ziselierte Wege wandern wir leise,
Des Lebens Pracht entfaltet im stillen Kreise.
Samt in der Ferne, klar und schonungslos,
Erzählen uns die Wege vom großen Los.

Das Blatt im Wind erzählt die alte Sage,
Von Helden, die im Zeug' der Alpenlage.
Ein Hauch von Geschichte in jedem Schritt,
Kein Zurück, nur vorwärts führt der Weg so fit.

Die Sonne kitzelt, leuchtend und ganz golden,
Lebenskraft verteilt in ihren schönen Scholden.
Auf ziselierten Pfaden ruht der Mut,
Der Weg, so reich und reich erfüllt mit Gut.

Der Bach, er plätschert, funkelt rein und klar,
Ein Spiegelbild von uns, was einstens war.
Die Wege ziseliert mit Fleiß und Kunst,
Aus jeden Stein entströmt des Lebens Gunst.

Mit Füßen leicht, doch Herzen schwer bepackt,
Den eingravierten Pfad haben wir lang getackt.
Doch jedes Zeichen, jede Kurve zart,
Das Ziel vor Augen, ach, wie wundersam 's ward.

Leisen Geistern folgen

Durch Nebel wandern leise Geister dahin,
Sie flüstern Worte, erzählen was ich bin.
Ein Lied von ferne, kaum hörbar und weich,
Ihr Ruf so lautlos, im Herzensbereich.

Des Mondes Strahlen führen immerfort,
Zu jenem geheimen, verheißungsvollen Ort.
Auf Schwingen lautlos, folgen wir dahin,
In der Ruh' verborgen, der Anfangs Sinn.

Der Baum im Walde, flüstert es sacht,
Von Ahnenzeiten, tief in der Nacht.
Den Wurzeln folgend, still und so klar,
Leise Geister weisen uns das wahre Jahr.

Der Wind erzählt von alter, ferner Zeit,
Übers Land und durch die Ewigkeit.
Leise Geister folgen, unsichtbar,
Doch fühlen wir sie stets, so wunderbar.

Ein letztes Flüstern, taucht uns in Licht,
Die Wege weisen, was wahrhaft spricht.
Leise Geistern folgen, führt uns nun,
Auf Pfaden, endlos, wo wir stets ruh'n.

In der Stille eingraviert

In der Stille eingraviert, das Sehnen klar,
Ein Echo, tief vernommen, was einst war.
Die Herzen sanft im Schattenreich vereint,
Im Stillen, jedes Wort auf ewig scheint.

Die Sehnsucht eingraviert in jede Schicht,
Der Felsen trägt das Leid der weichen Licht.
Auf Falten alter Zeit, so fein geprägt,
Des Lebens Fäden, die der Wind bewegt.

Das Flüstern in der Stille trägt hinweg,
Die Kluft in Seelen, die kein Laut verdeckt.
In Ehrfurcht auf den Felsen eingraviert,
Die Spuren jener, die verschwiegen triert.

Das Herz erweckt, die Hoffnung flammt empor,
In stillen Zeiten, da geschieht es vor.
Die Sterne leiten, klar und ungeniert,
Das Schicksal, das in der Stille ist eingraviert.

Ein letzter Blick, die Ruhe tief durchdringt,
Was bleibt, ist Stille, die ewig klingt.
In Felsen und in Seelen eingeschrieben,
Das Lied des Lebens, zeitlos, längst geblieben.

Auf leisen Sohlen

Auf leisen Sohlen schleichen wir durch Nacht,
Der Sterne Glanz, das Himmelsdach entfacht.
Die Schatten tanzen, seidenfein und zart,
Ein Flüstern leise, das sich offenbart.

Die Wege weisen durch den stillen Hain,
Auf leisen Sohlen, nur die Nacht so rein.
Die Erde atmet, sacht in diesem Kleid,
Ein sanfter Hauch, der eins die Zeit durchschreit.

Die Mondesglut, sie zeigt den Pfad uns klar,
Auf leisen Sohlen, weiter immerdar.
Ein Schleier Licht, der sanft das Herz umhüllt,
Die Nacht so leise, still und tief erfüllt.

Der Wind erzählt von fernen Welten hier,
Auf leisen Sohlen, Schritte leicht und schier.
Die Weite trägt uns sanft und ohne Klang,
Durch Zeiten fern, die Wehmut stets durchdrang.

Die Nacht sie endet, Sternenfall verklingt,
Auf leisen Sohlen, was der Morgen bringt.
Ein Neubeginn, der Tag bricht sanft herein,
Auf leisen Sohlen, wird das Leben sein.

Sanftes Schleichen

Im flüsternden Wald, die Schritte leise,
Über Blätter, sacht und still,
Ein Hauch von Wind weht sanft und weise,
Die Nachtigall gesellt sich will.

Durch Schatten tanzt ein Katzenpaar,
Still beobacht' der Mond, so klar,
Ihr Weg führt heim ins stille Heim,
Der Nebel schwebt - ein stiller Reim.

Das Gras umspielt den sanften Lauf,
Ein Sternenlicht erhellt den Rauch,
Sanftes Schleichen durch die Nacht,
Wie ein Märchen - sanft gemacht.

Der Baggersee ruht klar und kühl,
Ein Glühwürmchen gesellt sich nun,
Im sanften Schleichen, immerzu,
Die stille Nacht bringt sanft' Ruh.

Ein Wispern, kaum vernehmbar zart,
Erfüllt die Nacht, erfüllt mein Herz,
Durch sanftes Schleichen, nun gepaart,
Das Dunkel schwindet - fern und wert.

Scheues Schreiten

Ein Reh im Düster, scheu und fein,
Es schleicht sich leise, ungesehen,
Durch Wälder, Wiesen, stolz und rein,
Der Mond hält still den Atem an.

Das Gras im Wind bewegt sich sacht,
Ein Sternenlüftchen flüsternd zieht,
Im Herzen Ruhe, die erwacht,
Und scheues Schreiten übersieht.

Die Pfütze kühl, der Pfad so klar,
Die Stille bricht, ein leises Knistern,
Das Reh im Schatten, wunderbar,
Durchstreift das Land, lässt Herzen flüstern.

Die Welt verhüllt im Nebelschleier,
Die Zeit sie steht, ein Augenblick,
Ein Lebenshauch, so ungetäuscht,
Scheues Schreiten führt zurück.

Der frühe Vogel ruft so zart,
Ein Hauch von Morgen in die Welt,
Das scheue Schreiten, eine Kunst,
Die Nacht vergeht, der Tag erhellt.

Hauch von Bewegung

Im Morgennebel, erster Glanz,
Ein Hauch von Bewegung im Licht,
Der Tag erwacht aus tiefem Schlaf,
Der Himmel öffnet sein Gesicht.

Ein Schmetterling, der leicht sich wiegt,
Ein Blatt im Wind, das sacht sich regt,
Die Stille atmet, wiegt und schwebt,
Ein Hauch von Bewegung, sanft und zart.

Die Wellen flüstern an des Ufers Rand,
Ein Vogel reiht sich ein ins Band,
Der Frühling tanzt in sanftem Fluss,
Ein Hauch berührt das weiche Moos.

Ein Lächeln glimmt auf meinem Mund,
Ein süßer Duft erfüllt die Luft,
Der Augenblick, so voller Grund,
Die Welt erneuert, ganz in Ruf.

Im Hauch von Bewegung find' ich dir,
Der Tag erwacht, das Leben blüht,
Mit sanftem Streit und klarer Zier,
Ein Hauch von Liebe sich verführt.

Unsichtbare Reise

Es ruft die Ferne, leis und klar,
Ein Pfad, den niemand vorher sah,
Die Schritte still, fast wie ein Wind,
Die unsichtbare Reise beginnt.

Ein Traum, ein Stern, ein ferner Plan,
Durch Wälder, Meere, niemals nah,
Das Herz geleitet, wie von sich,
Die Reise unsichtbar, durchbricht.

Vom Hügel rollt der Nebelschleier,
Ein Hauch von Licht, das Ungeheuer,
Es trägt uns fort, in sanftem Lauf,
Die Reise weist uns einen Austausch.

Ein fremder Ort im Traum erwacht,
Ein Flüstern, das die Seele lacht,
Die Schatten schmelzen, fort im Wind,
Die Reise, die ein Fühlen bringt.

Im Morgenrot die Spuren flieh'n,
Ein Pfad, der bleibt, doch nur als Schein,
Unsichtbar bleibt der weiche Schritt,
Die Reise führt uns, nimmt uns mit.

www.ingramcontent.com/pod-product-compliance
Lightning Source LLC
LaVergne TN
LVHW010553070526
838199LV00063BA/4963